LE P. VALLÉE

DE L'ORDRE DE SAINT-DOMINIQUE

LE CINQUANTENAIRE

DE LA PROFESSION RELIGIEUSE

DU

T. R. P. HENRI-DOMINIQUE LACORDAIRE

SA VOCATION

DISCOURS PRONONCÉ A PARIS

DANS L'ÉGLISE DE SAINT-AUGUSTIN, LE 16 AVRIL 1890

AUX BUREAUX DE *L'ANNÉE DOMINICAINE*

94, RUE DU BAC, PARIS

LE P. VALLÉE
DE L'ORDRE DE SAINT-DOMINIQUE

LE CINQUANTENAIRE

DE LA PROFESSION RELIGIEUSE

DE

T. R. P. HENRI-DOMINIQUE LACORDAIRE

SA VOCATION

DISCOURS PRONONCÉ A PARIS

DANS L'ÉGLISE DE SAINT-AUGUSTIN, LE 16 AVRIL 1890

AUX BUREAUX DE *L'ANNÉE DOMINICAINE*

94, RUE DU BAC, PARIS

Lectum et approbatum :

Fr.-Ant. VILLARD,   Fr.-Thomas FAUCILLON,
Mag. in Sacra theologia.   Ex. Provinc.

Imprimatur :

Fr.-Thomas BOURGEOIS,
Prior Provincialis.

Mes Frères[1],

Pourquoi vous convier à fêter avec nous ce cinquantenaire de la profession religieuse du Père Lacordaire? Que nous, ses fils, qui devons à cet acte solennel la paix divine qui est sur nous, la miséricorde qui réjouit notre vie, nous en ayons l'âme tout occupée, cela se conçoit; mais vous, pourquoi vous appeler à vous recueillir ainsi devant cette grande figure de moine? C'est que ce moine a été, mes Frères, le plus haut, le plus ardent témoin de Dieu en notre siècle, et que, par suite, il a été un grand bienfaiteur d'âmes. Or, ceux-là, les témoins de Dieu, les bienfaiteurs d'âmes sont rares, et quand il s'en dresse un sous nos yeux, à quelque groupe que nous appartenions, catholiques ou non, chacun de nous doit

---

1. Sténographie Duployé.

s'incliner et dire : c'est Dieu qui passe, c'est sa vertu qui éclate devant moi; il faut que je comprenne.

Toute la Providence de Dieu, mes Frères, consiste à tâcher de nous faire comprendre combien il nous aime. Il y a un mystère qui dit cet amour à l'âme humaine, c'est le mystère du Verbe fait chair, du Verbe de Dieu crucifié pour nous. Qui ne sait pas cet amour étrange et par quelle miséricorde suprême il s'est traduit, qui n'en vit pas, ne sait pas pourquoi il est en ce monde. Le secret « caché au cœur de Dieu », malgré dix-neuf siècles bientôt d'apostolat, lui demeure fermé : c'est au fond un inconscient. Et combien sont-ils, dites, ceux qui sont inconscients?

Le Père Lacordaire n'a pas été de ceux-là. Le secret de Dieu, il l'a pénétré à ce degré où il prend toute l'âme, toute la vie. C'est seulement à la lumière ainsi faite en lui qu'on peut suivre l'histoire intime de Lacordaire jusqu'à l'heure dont nous fêtons le souvenir en ce moment. Quand on vous parle de vocation religieuse, vous pensez de suite à je ne sais quelles catastrophes douloureuses ou quelles déceptions humaines qui ont tout brisé en nous. Peut-être cela arrive-t-il parfois ; la miséricorde de Dieu est infinie en ses moyens d'action. Mais habituellement la vocation religieuse naît de sources plus hautes, plus directement divines. La vocation du Père Lacordaire va nous en donner la preuve.

Quand il vint au monde, l'Eglise sortait de la persécution. Il y avait parmi ses prêtres des âmes généreuses qui avaient payé de l'exil, et parfois de leur sang, leur vaillance à confesser leur foi en Jésus-Christ. Ceux mêmes qui disaient ne pas croire s'inclinaient devant leur forte vertu ; mais il y avait un terrain où la classe qui sortait de la révolution, riche d'action et d'influence comme elle ne l'avait pas rêvé, ne voulait pas reconnaître l'autorité du prêtre. Elle niait le surnaturel et refusait de croire à la divinité de Jésus-Christ. C'était, dès ce temps, un « a priori » qui s'imposait. Un moment l'âme de Lacordaire parut comme submergée, elle aussi, sous ce flot de négation qui passait. Pourtant il avait eu une mère profondément chrétienne, à l'âme trempée de foi et de charité divine, qui l'avait habitué pendant ses premières années à une véritable intimité avec Dieu. Il nous raconte lui-même que, lorsqu'il arriva au collège, il y connut ce que tant d'autres, hélas! y ont trouvé plus ou moins, il y connut d'abord la persécution. On en vint à ce point que, pendant trois mois, il ne put jamais prendre la nourriture commune. Ses camarades ne lui toléraient que « *la soupe et le pain* ». Que va-t-il faire sous cette première et si pénible épreuve? « Pour échapper à ces » mauvais traitements, nous dit-il, je ga- » gnais pendant les récréations, quand cela » m'était possible, la salle d'études, et je » m'y dérobais sous un banc à la recherche

» de mes maîtres ou de mes condisciples.
» Là, seul, sans protection, abandonné de
» tous, je répandais devant Dieu des larmes
» religieuses, lui offrant mes souffrances
» précoces comme un sacrifice et m'élevant
» vers la croix de son Fils par une union
» tendre que je n'ai jamais peut-être
» éprouvée au même degré[1]. » Sous la
chaude et lumineuse influence de l'âme maternelle, son cœur montait ainsi à Dieu
comme d'instinct, sans effort, et s'y tenait fixé. Cela ne dura pas. Dans ce milieu où il venait d'entrer, on lui parlait
comme jadis on l'avait fait « aux citoyens
d'Athènes ou de Rome » ; on lui parlait
de littérature, on lui parlait de gloire
humaine : on ne lui parlait jamais de
Dieu. En plein dix-neuvième siècle, après
une aussi longue communion au Christ
Jésus et à sa vertu, il y avait des Français, des éducateurs d'enfants, qui ne
savaient pas qu'avant tout c'est la science

---

1. *Le Testament du P. Lacordaire*, pages 33-34.

de Dieu qu'il faut donner à l'être humain,
c'est dans la charité, dans la lumière de
Dieu qu'il faut le pétrir, si l'on veut qu'il
suffise à sa tâche et reste debout sous
l'épreuve et la tentation qui l'attendent.
L'âme de Lacordaire entra donc dans ces
ténèbres qui enveloppaient toute la bour-
geoisie de son temps. Toutefois il y eut
des choses qu'il ne connut jamais. Le ciel
s'était fermé, mais les horizons humains
restaient ouverts bien larges, sa vie res-
tait prise par des activités généreuses,
par l'étude, par les chefs-d'œuvre clas-
siques, et surtout par la passion de la
gloire, qui fut pendant ces heures trou-
blées la sauvegarde des fiertés naturelles
de son âme.

Ses premières études achevées, il fit son
droit. C'est une heure grave dans la vie
d'un jeune homme. Va-t-il être respectueux
de lui, et assez généreux pour ne pas connaître ces paresses mortelles qui tuent tant
de germes glorieux dans les cœurs de dix-
huit ans? Lacordaire sera dès le premier

jour ce qu'il restera toute sa vie, un être qui ne se refuse pas à la lumière, et demeure disponible pour tous les appels d'en haut. Les grandes clartés de la foi semblent avoir disparu. Pour le moment, la lumière est faible, mais il ne trahit rien de ce qu'elle lui révèle ; c'est un sincère qui n'entend pas se mentir à soi-même. Autour de lui, il y a de pauvres êtres de son âge déjà flétris, gangrenés jusqu'aux moelles. Lui habite plus haut ; son horizon demeure humain, mais il le veut large, profond comme la raison, et il entend s'y mouvoir avec toutes les énergies passionnées d'une volonté qui s'est conquise. Parmi les étudiants il a trouvé quelques jeunes gens qui se confessent et communient. Ceux-là se gardent. Bien qu'il y ait en leur âme une lumière qui décide de leur vie et qu'il ne connaît pas, il sent qu'il est de leur famille et c'est parmi eux qu'il choisit ses amitiés et ses relations de chaque jour. Il se croit hors des choses divines, mais déjà sa pensée est hantée par Dieu. Aux prises avec le droit légal et toutes les formules qui le constituent, il ne s'en contente pas. Il y a là comme une poussière de vérité qui ne peut suffire à nourrir son intelligence avide du dernier mot en toutes choses. Il lui faut remonter jusqu'au premier principe. Il lui faut, non pas ce droit qui naît d'une majorité quelconque, mais le droit tel que Dieu le promulgue éternellement en lui-même et tel qu'il est inscrit au plus profond de la conscience humaine. Spiritualiste sans peur, tant que Dieu n'intervient pas comme raison première de toute justice, sa pensée demeure en souffrance. C'est pour cela que je l'ai appelé tout à l'heure un « disponible ». Il cherche la lumière par sa pensée seulement : soyez sûrs que bientôt il va la trouver par toute son âme.

Son droit fini, il vient à Paris. Il y a pour un être de vingt ans, dans ce Paris, bien des causes, n'est-ce pas, pour que la vie, au lieu de monter, diminue, périsse chaque jour? Il y a tant d'exemples redoutables, tant de camaraderies qui peuvent être mortelles! Lacordaire n'entend pas livrer sa jeunesse à toute cette misère. Il reste debout, autant du moins que sa volonté de vingt ans peut lui permettre de rester debout, autant qu'on peut être debout quand Dieu, le Dieu vivant, n'est pas là. Il mène sa vie dans une vraie solitude de cœur et d'âme. De temps en temps on s'aperçoit qu'il y a là quelqu'un. Il a plaidé : les maîtres du Palais viennent à lui et l'acclament ; Berryer lui-même s'incline un jour sur sa jeunesse et lui prophétise un avenir splendide au barreau. Tout cela le prend ; tout cela le subjugue ; tout cela, à certaines heures, lui fait croire qu'il a trouvé enfin ce qu'il cherchait. Et pourtant, il y a je ne sais quelle mélancolie étrange au plus profond de son âme, et comme une douleur amère qui va grandissant toujours. Il se sent dans l'isolement, et tout est souffrance en lui. Or, voici qu'au sein de cet isolement, au sein de cette souffrance même, plus haut que les sommets humains conquis ou rêvés, voici que jaillit en son âme la grande lumière de ses premières heures. Le Dieu que lui avait prêché sa mère ressuscite en quelque sorte sans débat, sans étonnement même, tant son âme, en dépit de ses inconsciences, était demeurée filiale pour Dieu. Sous la *lumière de foi*[1], ainsi qu'il le dira à son lit de mort, il rentre en Dieu avec la simplicité, la joie aussi d'un fils longtemps absent qui rentre dans la maison de son père. Il dit lui-même : à quelle seconde, à quelle minute cette résurrection a-t-elle été faite ? Je n'en sais rien ; qui a fait cette résurrection ? ce n'est pas un homme ; je ne sais personne qui ait eu action sur moi. Qui donc a fait cette chose ?... Souvenez-vous. — Lacordaire a tenu son âme vis-à-vis de Dieu dans un état de disponibilité constante par toute sa vie. Dieu, si heureux de nous trouver sincères, si prompt à nous sauver, voyant un être qui ne souffrait que de son absence, est rentré dans la place et il y a tout comblé.

« Ma foi perdue, dit le Père Lacordaire,

---

1. *Testament*, p. 41.

» reparut dans mon cœur comme un flam-
» beau qui n'était pas éteint. Ce fut comme
» un torrent qui envahit toutes mes puis-
» sances [1]. » Tout s'y fit lumière et béati-
tude : c'était le Dieu vivant qui rentrait. Ce
jour-là, il comprit ce que je vous disais en
commençant, il comprit que Dieu nous
aime sans mesure, que ce Dieu fait chair,
crucifié par amour, veut que nous commu-
niions à lui, à toute sa vertu, à toute sa
richesse divine ; il comprit combien Dieu
nous aime. Certains, parmi nous, lorsque
cette lumière se fait, sentent que, cette
fois, leur vie est définitivement assise,
sentent que tout va s'achever en eux dans
la force, que tout va s'harmoniser en une
sorte d'équilibre merveilleux qu'ils n'avaient
jamais pu conquérir jusque-là. Lacordaire,
lui, comprit que sa vie, au lieu d'être assise
pour toujours, commençait seulement. Vous
ne savez pas tout ce que cette nature, qui
nous fait semblables à Dieu, suppose en

---

1. *Testament*, p. 41 et 42.

nous d'aptitude à subir son action. Vous ne savez pas à quel degré Dieu peut nous prendre si nous le laissons s'emparer de nous comme il le veut. Sous les clartés qui venaient de tout revivifier en lui, Lacordaire comprit que Dieu faisait de lui sa proie en quelque sorte, que Dieu lui disait : « Tu » n'appartiendras qu'à moi. Tu seras au » milieu de tes frères le témoin de ces » clartés que je voudrais connues de tous. » En te voyant passer, en écoutant ta » parole, ils comprendront, et je pourrai » les bénir et les sauver. »

Il entendit et il se livra tout entier. C'est pour cela qu'au lendemain de sa conversion, puisque c'est le mot qu'il faut employer, on le vit, à la stupeur de ses amis s'enfermer au grand séminaire d'Issy. Il y arrivait avec ses habitudes du monde, et l'âme pleine de généreuses ardeurs. Né pour l'action comme il était, il devait fatalement inquiéter le milieu pacifique où il entrait. Aussi, pendant deux ans et demi, tout admirablement pris par Dieu qu'il fût, se vit-il

tenu comme en suspicion : on doutait de
sa vocation et l'on hésitait à l'appeler
aux Saints-Ordres. Avec cette âme de feu,
comment pourrait-on jamais l'ensevelir au
fond d'un presbytère ? Qu'y ferait-il ?
N'était-ce pas livrer sa jeunesse et toute sa
vie à une épreuve qui serait trop forte et
sous laquelle il succomberait? Profondément émus des responsabilités qui étaient
sur eux, ces messieurs de Saint-Sulpice
n'osaient passer outre. Lacordaire, lui,
n'hésitait pas. Il écoutait au-dedans de son
âme, et tout lui disait qu'il était appelé.
Enfin, voyant que rien ne décidait ses
maîtres, il se dit : « Il y a là, près de nous,
» quelques religieux rentrés mystérieuse-
» ment en France. Je vais aller leur deman-
» der la consécration qu'on me refuse. J'irai
» plus loin dans le sacrifice; ce jour-là, on
» me croira peut-être. » Et, en effet, ce
mouvement passionné de son âme, qui l'en-
traînait à un sacrifice plus profond, ouvrit
enfin les yeux des Directeurs du séminaire
et ils finirent par l'appeler au sacerdoce.

A peine fut-il prêtre, qu'on lui confia l'aumônerie de la Visitation. Comme les voies de Dieu sont étranges ! Lacordaire a souffert d'une sorte de compression douloureuse pendant tout son temps de séminaire. Malgré tout, son âme est restée vaillante, et, par l'épreuve même, la sève a monté toujours plus riche et plus vive. Mais tout en lui appelle l'action. Et voici que Dieu intervient par l'autorité de ceux qui ont mission de parler en son nom, et il l'ensevelit trois ans encore dans le silence et la solitude. Que va faire Lacordaire ? Il va faire comme ceux qui sont dans la main de Dieu, qui croient vraiment et filialement, il va se donner à Dieu comme Dieu « le cherche », comme Dieu le lui demande ; il va aimer la solitude ; il va la remplir d'études profondes, incessantes ; il va, au fond, préparer, sans savoir où Dieu le mène, l'instrument merveilleux qu'il sera un jour au service du Christ.

Au bout de trois ans, la révolution de 1830 éclate. Le lendemain, celui qu'on avait salué comme un génie dans le monde conservateur et dans le monde sacerdotal se décide, la presse devenant le grand instrument d'action, à créer un journal pour revendiquer la liberté de l'Eglise et la liberté du Christ. Il fonde le journal *l'Avenir*. Au premier coup de clairon, tout ce qui était jeune d'âme et de cœur se trouva groupé autour de lui. Prêtres ou laïques, tous ceux qui avaient besoin de défendre leur foi arrivèrent joyeux, pleins d'ardeur; Lacordaire y vint naturellement des premiers. Au milieu de ces soldats d'avant-garde, Lamennais s'imposait comme leur chef à tous par l'autorité et le prestige du génie : sa parole puissante, impérieuse, d'une passion intense et communicative, remuait jusqu'au fond l'âme de ses compagnons d'armes; à certains moments, on eût dit l'accent des prophètes, mais, hélas! c'était un prophétisme plus souvent ouvert aux violences humaines qu'aux inspirations divines; sa pensée, pleine d'éclairs et de coups de tonnerre, ne venait pas toujours du Sinaï, et ce

n'était pas toujours la face de Dieu qu'elle
mettait en lumière. A côté de lui, entre tous,
se faisaient remarquer Lacordaire et Monta-
lembert. Ils s'étaient rués à la bataille avec
un entrain, une fougue qui émerveillait le
lecteur. Leur style était plein d'éclat, d'un
souffle superbe, d'une fierté parfois un peu
trop hautaine, mais toujours d'une sincérité
profonde. L'amour pour la France, pour
Jésus-Christ, pour la liberté, débordait de
leur âme. Si la passion était vive, si le mot
était quelquefois excessif, on était disposé
à leur pardonner beaucoup, car les plus
vives sympathies leur étaient venues du pays
tout entier. Il est vrai qu'il y eut aussi quelques inquiétudes et quelques colères, et que
parfois la critique était fondée. Toutefois,
pendant cette campagne, qui dura deux ans,
malgré la passion qui semblait l'entrainer,
l'abbé Lacordaire se maintint sous la lumière qui, dès le commencement, avait enve-
loppé son âme; il était venu combattre pour
Dieu; il n'entendait le faire qu'à la condition
d'être béni au soir de chaque bataille par

Celui-là qu'il aurait servi. Sitôt qu'une question fut posée, sitôt que Rome s'inquiéta, on le vit s'incliner filialement et dire : Vous pouvez parler, j'obéirai. Et pas un instant, dans les deux ou trois étapes qu'il fallut marquer avant d'avoir la solution définitive du Pape, pas un instant sa pensée n'hésita, pas un instant son cœur n'eut l'instinct qu'il pourrait se refuser à la lumière qui serait faite. Il s'était donné au Christ. Le Christ parle au monde par son Eglise; sitôt que l'Eglise parlera, il tombera à genoux, la bénissant, et disant à Dieu, du plus profond de son âme, son merci joyeux et filial. Toute sa vie il en sera ainsi.

Il rentra à ce moment dans la solitude de la Visitation. L'archevêque, compatissant pour ce chevalier qui revenait un peu meurtri du combat, lui avait dit : « Vous » avez besoin d'un nouveau baptême, je » vous le donnerai[1]. » L'archevêque ne savait pas que Dieu s'apprêtait lui-même

---

1. *Testament*, p. 72.

à donner ce baptême nouveau à son élu.

Le supérieur du collège Stanislas vint demander à l'abbé Lacordaire de donner quelques conférences à ses élèves. La première conférence se fit en effet aux élèves; mais, à la seconde, il fallut en diminuer le nombre, tant l'invasion du dehors se faisait nombreuse. Et, à la troisième, le monde du dehors occupait la chapelle tout entière. Et, pendant trois mois de l'hiver, de tous les mondes où l'on pense, de la littérature, des sciences, de la philosophie, du parlement, tous vinrent au pied de la chaire de ce jeune prêtre écouter avec ivresse le verbe ardent, profond, passionné qui jaillissait de sa grande âme. La passion sincère pour Dieu, pour le crucifié! cela leur semblait si étrange, à ces pauvres êtres qui ne savaient rien du Christ, rien du cœur de Dieu! La poussée fut si profonde, l'émotion de tous fut si grande que l'année suivante, à l'acclamation de tout Paris, l'archevêque l'appelait à Notre-Dame. Évidemment, après la chaire où l'on enseigne infailliblement au nom du Christ même, après la chaire de Saint-Pierre de Rome, il n'en est pas de plus haute que celle de Notre-Dame; il n'y en a pas d'où la lumière descende habituellement plus profonde et plus achevée. C'est Lacordaire, c'est son génie oratoire qui en a décidé ainsi; c'est lui qui a baptisé cette chaire et lui a fait cette gloire, et aujourd'hui encore, après trois générations de successeurs, c'est toujours son souvenir que la prédication de Notre-Dame évoque avant tout autre, et qui lui fait cette auréole unique dans la pensée de tous.

Nous arrivons à l'heure grave entre toutes pour Lacordaire, à celle qui a décidé de sa vie.

Ce qui l'a caractérisé jusqu'ici, nous l'avons vu, c'est l'état de disponibilité absolue où il s'est tenu vis-à-vis de Dieu sous la lumière qui le visitait. Eh bien, ce jeune prêtre, qui sait enfin ce que Dieu veut de lui, qui a constaté l'action souveraine exercée par sa parole sur les intelligences les plus hautes et parfois les plus prévenues, alors que tous l'acclament, que tous chantent sa puissance oratoire et son génie, lui, sous la clarté plus profonde qui lui vient de Dieu, ne se sent pas mûr assez pour mener à bien l'œuvre qu'il a commencée. Après deux années d'absolu triomphe, il a le courage de quitter cet auditoire unique, au risque de le voir passer en d'autres mains et de ne plus retrouver la chaire où sa parole a jeté tant d'éclat. Malgré ses amis, il part pour Rome; il va étudier. Sera-ce pour un an, pour deux ans? Il n'en sait rien. Qu'importe, pourvu qu'il achève de conquérir la plénitude doctrinale dont il vient de constater l'impérieux besoin!

C'est là que Dieu l'attendait définitivement. Dans la solitude où il vivait, pendant ces longues heures de silence et d'études opiniâtres, il se demandait souvent comment il pourrait, non pas seulement à Notre-Dame, mais sur la France entière, faire passer la flamme vive qui

venait de susciter de si profonds enthou-
siasmes autour de lui. Est-ce que cette
France, qui a connu des heures si glo-
rieuses quand elle savait tout Jésus-Christ,
ne pourrait pas reconquérir cette science
qui sauverait tout en elle? Jésus-Christ, la
France, ne pourrait-on réconcilier à toujours ces deux êtres si bien faits pour
s'aimer?

Dans cette chaire, au pied de laquelle il
venait chaque jour recevoir l'enseignement
théologique, les fils de saint Dominique
se révélaient à lui comme des esprits d'une
puissance singulière, habitués à se mouvoir
dans les questions les plus hautes et les plus
graves de la science sacrée. Ces moines
semblaient être comme la continuation
vivante de leur frère bien-aimé, Thomas
d'Aquin; ils avaient passé leur vie à appro-
fondir la synthèse doctrinale du Maître;
comme lui, ils avaient bu à toute la tradition humaine et à toute la tradition divine,
et l'on eût dit qu'ils vivaient comme au con-
fluent des clartés qui descendent « des

collines éternelles » et des clartés qui montent, du fond des siècles, de tous les génies humains. A leur contact, Lacordaire sentait fermenter la vie en lui; il sentait que sa puissance oratoire se décuplait, et il se disait : ce que je fais, si d'autres le pouvaient faire? ce froc qui est là, si je pouvais m'en vêtir! cette tradition vivante, si je pouvais la prendre tout entière! Et si, dans une miséricorde suprême pour mon pays, Dieu voulait appeler à lui d'autres âmes, des Français jeunes et fiers assez pour connaître la même passion que moi, pour prendre ce froc et la tradition qu'il incarne, et, généreusement, se vouer au Christ comme saint Dominique, comme tous les grands saints de son ordre l'ont fait! si je pouvais rapporter cette richesse à mon pays, évidemment la France serait sauvée!

A force de remuer ces graves pensées, l'heure vint où il lui fut impossible de douter de l'appel de Dieu. Comme toujours, il se donna de suite et de toute son âme.

Non qu'il ne vît pas les difficultés qui l'attendaient; l'obstacle était partout. Il était dans la philosophie contemporaine qui tenait captifs tous les esprits cultivés et qui allait évidemment se cabrer sous cette agression du vieux dogme. Il était dans l'opinion publique pétrie des souvenirs du dix-huitième siècle, et qui, à l'endroit de l'ordre de Saint-Dominique, ne se rappelait qu'un mot, mais un mot formidable : c'était l'ordre des Inquisiteurs! Il était dans le gouvernement. Mon Dieu, ce n'était pas un gouvernement de persécuteurs, assurément; mais les pouvoirs qui ne croient pas suffisamment à eux ne sont-ils pas plus à redouter parfois que les pouvoirs persécuteurs? il y a tant de gens timides à côté d'eux; il y en a tant qui n'aiment pas voir une question nouvelle se poser; il y en a tant qui vont battre des mains si on la supprime habilement par une sorte de condamnation préalable! Evidemment, aux frontières du pays, quand il rentrera, le froc sur les épaules, Lacordaire est à peu près sûr de trouver un décret qui lui interdira d'aller plus loin.

L'obstacle était encore dans ses amis eux-mêmes, stupéfaits de son audace, et persuadés qu'il allait tout sacrifier de l'avenir mis par Dieu entre ses mains s'il osait poursuivre un tel dessein. Il était enfin dans sa pauvreté. Une fois ressuscité, il faudra faire vivre cet ordre religieux. Or, avec quoi le faire vivre?

Lacordaire s'interroge sous le regard de Dieu : Dieu veut qu'il aille en avant. Au lieu de fuir, sa nature généreuse, essentiellement militante, est attirée par l'obstacle même.

Il va d'abord à l'opinion publique. Il vient à elle avec un respect, une franchise, une décision admirable. Dans son *Mémoire pour le rétablissement des Frères Prêcheurs en France*, il aborde toutes les questions, celle de l'Inquisition comme les autres. A travers les ardeurs et l'émotion de ces pages, quelque chose de sa foi rayonne sur tous ceux qui le lisent, et beaucoup, en dépit des souvenirs d'antan, sont gagnés par son enthousiasme et se prennent à désirer qu'il tente l'aventure, tant les coups d'audace surprennent et entraînent les foules !

Il s'attaque à la philosophie rationaliste et lui donne rendez-vous au pied de sa chaire de Notre-Dame. Oh ! l'admirable champ clos et le merveilleux combat ! Douze ans après, quand le Père Lacordaire cessait ses conférences, le rationalisme, si fier des triomphes remportés par lui sur l'Eglise depuis un siècle, disparaissait, en tant que doctrine enseignée, comme honteux de lui-même, après avoir perdu toute action réelle sur les esprits, et sans laisser de postérité directe qui pût perpétuer son souvenir au milieu de nous. Je sais bien que tout n'était pas fini pour nombre d'âmes. Toutes n'étaient pas remontées jusqu'à Jésus-Christ ; beaucoup, pour échapper à leur émotion, allaient même s'attarder longtemps encore en des formules de négation plus radicales et plus violentes ;

mais elles avaient quitté la petite tente où le rationalisme leur offrait depuis si longtemps un abri misérable; elles étaient parties pour ne plus revenir.

Que vouliez-vous que le gouvernement fît devant une telle puissance! Evidemment, malgré toutes ses frayeurs, il n'avait qu'à s'incliner. Après avoir constaté combien l'opinion publique était sympathique à ce grand militant qui venait de s'emparer d'elle, il n'avait plus qu'à attendre comment tout cela finirait. Alors, comme un capitaine qui sait profiter de la victoire, le Père Lacordaire, fort de sa mission, fort de la liberté, du droit qu'il incarnait, paraît hardiment avec son habit dans la chaire de Notre-Dame. Il n'hésite pas davantage à le montrer dans les rues de Paris et sur tous les points de la France, ne comprenant pas qu'il lui fût loisible de ne pas mettre en harmonie son être extérieur et sa conscience intérieure, et voulant que tout en lui fût simple comme Dieu même. Il était un droit, il était une liberté. Un droit, une liberté s'affirment et n'attendent pas que les événements leur créent possibilité d'être. Parce qu'ils ont foi en eux-mêmes, ils passent et ils triomphent.

Tout cela, mes Frères, n'était encore qu'une espérance, il y a cinquante ans, le jour où le Père Lacordaire s'engageait par des vœux solennels à servir Jésus-Christ et son Eglise dans la religion de notre bienheureux père saint Dominique. Cette espérance, il l'a vue réalisée avant de mourir. Et nous, ses fils, en dépit du mauvais nuage qui a couvert notre horizon d'ombres épaisses, nous savons que la bénédiction qui a été sur lui demeure sur nous. Vous ne me démentirez pas, si je dis, en regardant le demi-siècle écoulé, que, partout où les fils de saint Dominique et de Lacordaire ont passé, ils ont suscité des sympathies profondes: si je dis que vous avez aimé leur doctrine, que vous avez aimé la passion sainte qui tient leur âme si vibrante pour Jésus-Christ, que vous avez aimé ces chemins superbes qu'ils vous ouvraient du côté du ciel. Lumière, force, enthousiasme, sincérité, vous avez trouvé tout cela dans leur parole! comment vous seriez-vous fermés à son action?

Je comprends maintenant pourquoi nous vous avons invités à célébrer la mémoire du Père Lacordaire avec nous aujourd'hui : vous y aviez droit. Je comprends aussi, et je bénis, en votre nom comme au nôtre, Monsieur le Curé de Saint-Augustin, qui nous a donné à tous si gracieusement l'hospitalité de sa belle église; je comprends que le grand musicien (1) qui a voulu composer lui-même les éléments du *Salut* qui va terminer cette fête ait été heureux de glorifier, par ses magnifiques inspirations, celui qui, jadis à Rome, l'aima d'une affection toute privilégiée, et que les artistes éminents qui vont nous interpréter le Maître tout à l'heure y aient vu comme une bénédiction pour leur talent.

---

(1) M. *Ch. Gounod*, qui, avec une bonne grâce incomparable, nous avait donné plusieurs morceaux inédits, et avait bien voulu en diriger lui-même l'exécution.

Le premier morceau, intitulé : *Consécra-tion*, a été composé pour une profession religieuse. Sous la pensée du Maître, vous entendrez, si vous comprenez bien, tout ce qui s'est remué, tout ce qui s'est chanté dans l'âme du Père Lacordaire au soir de sa profession religieuse il y a cinquante ans. En écoutant le *Quam dilecta*, vous devinerez la joie, la paix, l'extase, les bénédictions chaque jour plus vives, les ineffables espérances connues par ceux qui habitent aux tabernacles du Seigneur. L'*Ave Maria* vous redira comme un écho de la prédication dominicaine. Comme leur glorieux père, les fils de saint Dominique n'ont cessé de prêcher les gloires de la Vierge Marie ; ils ne s'en lasseront jamais. Et enfin, en écoutant, non comme on vous l'avait annoncé, le cantique de sainte Thérèse (nous n'avons pu trouver une voix d'enfant qui pût en exprimer la véhémence et la sainte ardeur), mais la *Vision de Jeanne d'Arc*, vous penserez que le Maître a compris qu'à chanter l'amour du Père Lacordaire pour Dieu, on ne célébrerait que la moitié de sa vie, et qu'après avoir dit ce qu'il avait voulu être pour Jésus-Christ, il fallait dire ce qu'il a été pour la France. Il n'y a que le cœur de Jésus-Christ qui apprenne à aimer, à aimer jusqu'à en mourir : il n'y a que le Crucifié qui ouvre toutes les sources vives du cœur humain et lui apprenne à se dévouer. Eh bien, c'est de ce dévouement né du cœur du Crucifié que Lacordaire a aimé son pays, a aimé l'âme de tous ceux qui l'ont approché, et c'est tout cela qu'ensemble nous allons chanter.

SAINT-CLOUD. — IMPRIMERIE BELIN FRÈRES.

9 782329 257488